Hans-Dieter Wallburg

Du, Herr, bist größer ...

Ich habe Nähe gefunden
zu mir
und finde sie
in der Nähe zu anderen.
Ich teile,
was ich bin,
und nehme an,
was andere teilen.
Inmitten des Lebens
erfahre ich
die wohlweislich gefügte Spur
meines Lebens.

Helmut Zwanger

Hans-Dieter Wallburg

Du, Herr, bist größer ...

Gebete eines Alkoholkranken

Blaukreuz-Verlag Wuppertal
Blaukreuz-Verlag Bern

Der Verfasser, Hans-Dieter Wallburg, geboren 1952, ist freier Journalist und schreibt vorwiegend Gedichte und Kurzgeschichten für deutsche und ausländische Zeitschriften.
Durch seine Alkoholkrankheit fand er zum Blauen Kreuz, wo er entscheidende Hilfe erfahren hat. Heute lebt der Autor in Hamburg-St. Pauli und setzt sich dort in der Suchtkrankenhilfe tatkräftig ein.

Für
Helmut und Uli
in Dankbarkeit

Umschlaggestaltung und Schwarz-weiß-Fotos: Eberhard Platte
Titelfoto und Typographie: Hans-Jürgen Weidtke
Gesamtherstellung: St.-Johannis-Druckerei, Lahr-Dinglingen

ISBN 3 920106 75 X Blaukreuz-Verlag Wuppertal
ISBN 3 85580 162 2 Blaukreuz-Verlag Bern

Inhalt

Ich will
Hilfe schaffen
dem,
der sich
danach sehnt.

Psalm 12, 6

Notruf

Gebet eines »nassen« Alkoholikers

Herr,
verhilf mir zur Einsicht,
daß Alkoholismus eine Krankheit ist,
und daß ich etwas dagegen tun kann.
Herr, hilf mir bei meiner Kapitulation. Amen.

Herr,
in mir toben heftige Kämpfe,
wüten drückende Sorgen;
viele Ängste rauben mir den Schlaf.
Es wird gesagt, daß Du jeden anhörst,
der mit Dir sprechen möchte.
Herr, ich weiß nicht, ob ich das kann.
Ich habe lange kein Wort zu Dir gesagt;
manchmal strich ich Dich gänzlich aus meinem Leben,
oftmals gab es etwas Wichtigeres als ein Gebet zu Dir.

Herr,
es ist viel Zeit vergangen
zwischen meinen ersten Erfahrungen mit dem Alkohol
und dem heutigen Tag.
Ich stehe jetzt vor Dir mit einer schweren Last,
die ich nicht mehr alleine tragen kann.
Lange zögerte ich, sträubte mich dagegen,
mich mit diesem Gedanken anzufreunden:
Ich bin Alkoholiker;
ich kann mein Verlangen nach der flüssigen Droge
nicht mehr steuern.

Herr,
es fällt mir schwer,
solche Worte über die Lippen zu bringen,
denn ich fürchte mich vor dem Süchtigen in mir.
Du kennst meine einsamen, angstvollen Nächte,
hast zahllose meiner Versuche erlebt,
ohne Alkohol durch den Tag zu kommen.

Herr,
all mein Mühen war umsonst.
Immer wieder scheiterte ich an einer Klippe,
führte ein direkter Weg zu einem neuen Glas.

Herr,
seit einiger Zeit versuche ich,
mich und meine Sucht zu verbergen.
Doch ich handle wie unter einem grausamen Zwang:
Ich trinke heimlich. Ich trinke viel.
Ich muß immer dann trinken,
wenn sich eine Gelegenheit dafür zeigt.

Herr,
in vielen Alltagsdingen habe ich nachgelassen:
Meine Interessen, meine Gedanken und meine Arbeit
sind hinter meine Sucht zurückgetreten.
Ich bin ins Kreuzfeuer unverhohlener Kritik geraten,
doch niemand kann meine Angst vor jedem neuen Tag
begreifen.

Herr,
manchmal zittere ich so sehr,
und in mir ist so vieles aufgewühlt
und aus den Fugen geraten,
daß ich zu weinen beginne,
wenn ich nichts zu trinken finden kann.

Herr,
ich nehme es mit der Wahrheit nicht mehr genau.
Immer mehr gebrauche ich Ausreden und Lügen,
um Kneipenbesuche, Verspätungen
und mein Betrunkensein zu entschuldigen.

Herr,
ich lüge so viel, daß ich manchmal nicht mehr weiß,
wo ich Wahrheit finden kann.
Ist jemand auf meinen angeschlagenen Zustand
aufmerksam geworden,
so entziehe ich mich allen Bemühungen,
mir helfen zu lassen.

Herr,
manchmal glaube ich,
daß es sinnlos ist, mir helfen zu wollen.
Bitte verstehe, wenn ich so rede,
aber viele haben sich von mir abgewandt,
weil mein Verhalten für sie
lästig und unerträglich wurde.

Herr,
niemand weiß besser als Du,
wie es in mir aussieht:
Meine Achtung vor mir selbst ist zugrundegegangen.
Ich versagte zu oft,
um mich noch achten und lieben zu können.
Mitten durch mein Leben
zieht sich ein schmerzhafter Riß,
in der Tiefe meines Empfindens fühle ich mich verletzt.

Herr,
dies alles schreie ich
jede Nacht in meine Einsamkeit hinein,
ohne Hoffnung auf Antwort.

Herr,
ich habe Angst:
Ich bin ein »nasser« Alkoholiker.
Ich bin süchtig:
Das ist so, als würde mein Ich zerbröckeln.
Herr, ich kann nicht mehr.
Manchmal spiele ich verzweifelt mit dem Gedanken,
mir das Leben zu nehmen,
um mich so meiner Sucht zu entreißen.

Herr,
ich stehe erbärmlich und hilflos vor Dir:
Ich habe gelogen wegen meiner Sucht,
habe gestohlen und betrogen,
habe immer vorgegeben, wie gut es mir geht,
und daß alles in Ordnung sei.

Herr,
nun kann ich mich nicht mehr in den Schlaf flüchten,
keine Betäubung reicht mehr aus,
um das Chaos, das Verletztsein in mir zu vergessen.
Es gibt keine Reise ins Glück mehr mit der Flasche,
denn nach jedem Rausch könnte ich schreien
bei der »Rückkehr« in den gepeinigten Körper.

Herr,
ich habe vieles zerstört,
vieles falsch gemacht in der vergangenen Zeit —
bitte, laß Dein Verzeihen meiner Schuld
mir nicht verschlossen sein.

Herr,
hilf mir dabei,
daß ich mich aus meinem Versagen befreien lasse
und wieder Verantwortung für mich übernehmen kann.

Herr,
Du wurdest ermordet, weil Du mit Deiner Liebe
vielen ein Dorn im Auge warst.
Herr, Dein Tod steht auch
für die Vergebung
jeder »nassen« Schuld.

Herr,
Ich weiß nicht, was werden soll.
Ich bin zu tief gesunken,
um noch irgend etwas anderes
als meine quälende Sucht zu sehen.

Herr,
ich rede von Morgen und weiß nicht,
wie ich den heutigen Tag überstehe.

Herr,
verhilf mir zur Einsicht,
daß Alkoholismus eine Krankheit ist,
und daß ich etwas dagegen tun kann.

Herr,
hilf mir bei der Erkenntnis,
daß ein Glas Alkohol mächtiger ist
als ich und alles, was in mir ist.

Herr,
schenke mir eine bedingungslose Kapitulation vor Dir.

Herr,
ich will nicht mehr trinken.
Bitte, steh mir bei!
Deine Liebe, Dein Tod sollen mir
als Wegweiser durch diesen Tag dienen und helfen.

Herr,
ich fürchte mich vor dem, was kommen wird.
Bitte, gib mir Mut und Kraft,
um ans Telefon zu gehen,
sei dann mit meiner Sprache,
wenn ich nach einer Gruppe, einem Suchtberater,
einem Helfer, einem Menschen
mit Deiner Liebe suche.

Herr,
ich nehme mir vor, nicht mehr zu trinken,
denn auch für mich
hast Du Schmerzen am Kreuz erlitten.
Herr, ich will Dir diesen Tagen geben,
ich will »trocken« sein für Dich.

Herr,
ich weiß, daß ich meiner Sucht
nicht alleine entrinnen kann.
Hilf mir bei der Suche nach Menschen,
die mich verstehen,
und die ich in mich blicken lassen kann.
Hilf mir
beim Ausstieg aus meinen abgekapselten Ängsten,
beim Abschied von meiner stummen Verzweiflung,
damit ich in Offenheit und Vertrauen
über mich und meine Sucht sprechen kann.

Herr,
gib, daß ich jetzt aus meiner »nassen« Zeit falle,
um gemeinsam mit anderen
»trocken« und nüchtern aufstehen zu können.

Amen.

Vor einer Therapie

Herr,
hilf mir zum Abstand vom Gewesenen
und steh Du nun mitten in meinem Heute. Amen.

Herr,
ich stehe am Scheideweg meines Schicksals,
und ich fürchte mich
vor den kommenden, harten Auseinandersetzungen
um meine Alkoholkrankheit.
Hilflos, durch menschliche Verachtung gedemütigt,
ausgestoßen
aus dem Kreis zwischenmenschlicher Beziehungen,
fühle ich mich einsam und fremd wie nie zuvor.

Noch weiß ich nicht,
ob ich die Arbeit an mir selbst,
die Entblößung meiner innersten Empfindungen
und das schmerzhafte Ausreißen meiner Suchtwurzeln
bewältigen werde.
Gekränkt, verletzt und in angstvoller Traurigkeit
stehe ich nun an der Schwelle einer Therapie.

Herr,
viele meiner Gedanken tendieren zu Flucht,
liebäugeln gefährlich mit dem Weitertrinken.
Noch bin ich randvoll mit Vorurteilen,
Halbwissen und Ablehnung.
Noch immer suche ich nach einem handfesten Sinn
für die kommenden Monate.

Vielleicht will ich für meine Frau,
für meine Eltern oder sonst für irgendeinen Menschen
zur Therapie gehen,
um so eine zerrüttete Beziehung zu retten,
um zu kitten, was durch meine Alkoholabhängigkeit
sonst ganz zu Bruch gehen würde.

Herr,
ich bitte Dich um die Einsicht
und das tiefe Bewußtsein,
daß die kommenden Monate
meine Monate sein werden,
und daß *ich* für *mich*
»trocken« und nüchtern werden will.

Herr,
stärke mich in der Erkenntnis,
daß ich alkoholkrank bin,
und in dem Wollen,
daß ich zur völligen Alkoholabstinenz finde,
in der ich mich neu entdecke,
in der ich zu meiner Sucht stehen kann
und in der ich zu mir zurückfinde.

Herr,
hilf mir, daß ich *mich* nun wichtig nehme,
damit sich *meine* Krankheit in eine Abstinenz
umwandeln kann.
Hilf mir, zu erkennen:
Dies ist *meine* Sucht, und es ist *mein* Leben,
das ich Stück für Stück weggeworfen habe.

Ich will »trocken« sein für *mich*
und mit Deiner Hilfe »trocken« bleiben für *Dich*,
das soll jetzt mein Bestreben sein.

Herr,
hilf mir, daß ich mich in die Therapie
voll einbringen kann und daß ich lerne,
mit der wachsenden Einsicht
in die Hintergründe meiner Sucht
verantwortungsvoll und bewußt umzugehen.

Verhilf mir
zum Abstand vom Gewesenen,
und stehe Du nun mitten in meinem Heute.

Amen.

Rückkehr von einer Therapie

Herr,
schenke mir ein kraftvolles Nein. Amen.

Herr,
einige harte und fruchtbringende Monate
sind zu Ende gegangen.
Ich durfte viel Neues erfahren,
konnte zum ersten Mal seit langer Zeit
etwas Ordnung in mir schaffen.
Manchmal war die Auseinandersetzung
mit meiner Alkoholkrankheit
von Tränen und Schmerzen begleitet.
An manchen Tagen wollte ich aufgeben,
alles hinwerfen und gehen.
Heute bin ich voller Freude über mein Ausharren
und über das erfolgreiche Kämpfen
um eine stabile, trockene Basis.

Herr, ich kehre nun zurück in meine Familie,
und ich möchte mich auch ganz besonders in ihr
von meinen »nassen« Fehlern lösen.

Herr,
ich gehe zurück an meinen Arbeitsplatz –,
und in mir steigt eine unbekannte Angst empor:
Viele kennen mich als haltlosen Trinker,
als unzuverlässigen, aggressiven oder
großspurigen Kollegen,
dessen Hang zur Flasche
jede Achtung und jedes Ansehen kostete.

Herr,
viele in der Firma trinken in den Pausen,
aus irgendeinem Anlaß,
gemeinsam nach Feierabend.
Manche werden jetzt so trinken
wie ich vor einigen Monaten.

Herr,
ich habe Angst,
von ihnen nicht verstanden
und in meiner neu gewonnenen »Trockenheit«
nicht akzeptiert zu werden.
Manche werden mich mit ironischen Blicken mustern,
einige werden sich in Unsicherheit distanzieren.
Vielleicht werde ich von ehemaligen Zechbrüdern
nun offen abgelehnt.

Ich habe Angst,
daß mir beim Griff zum Mineralwasser, zum Saft
die Hände zittern.
Ich fürchte mich vor den vielen Fragen,
die in der nächsten Zeit auf mich zukommen werden.

Herr,
hilf mir, daß ich in meinem Hineinwachsen
in diese neuen Situationen
echtes Interesse von provozierender Ironie
trennen lerne.
Hilf mir in der Findung dieses Unterschiedes.

Hilf mir, daß ich den Gesprächen über mich,
hinter meinem Rücken, standhalte,
ohne flüchten zu wollen.

Besser, die Hände zittern mir beim Safttrinken
als nach einer durchzechten Nacht.
Hilf mir auch,
daß ich mich nicht in Arroganz flüchte,
um so meine Ängste besiegen
und beiseite schieben zu wollen.

Herr,
am meisten fürchte ich mich vor dem Augenblick,
in dem mir aus Unwissenheit oder in böser Absicht
ein Bier angeboten wird.

Herr,
schenke mir in diesem Moment ein kräftiges Nein,
schenke es mir jeden Tag aufs neue.
Ohne dieses Nein werde ich bald kraftlos
und gefährdet sein.
Bitte, verhilf mir in solch kritischen Minuten
zu jener Stärke und Kraft,
die Du mir zuteil werden ließest,
um Abschied vom letzten Glas zu nehmen.

Herr,
nimm meine Angst in Deine Hände.

Amen.

Kleiner »Geburtstag«

Du, Herr,
bist größer als alle Tage der Sucht. Amen.

Herr,
in tiefer und wunderbarer Freude empfange ich heute
einen Jahrestag meiner »Trockenheit«.
Dieser kleine »Geburtstag« fügt sich
in großer Dankbarkeit und Liebe
in meinen neuen nüchternen
und lebensbejahenden Kalender.

Herr,
mein kleiner »Geburtstag« ist ein großer Tag
meines nüchternen Lebens mir Dir geworden.
Auf dem Weg der sinngebenden Abstinenz
will ich innehalten im Rückblick
auf das vergangene Jahr ohne Alkohol.

Herr,
mit dem Licht des Glaubens
wich der Schatten meiner Sucht,
und der heutige Tag
steht unter dem Zeichen Deiner Vergebung
und der Bewältigung
des von mir verursachten, fremden Leidens.

Herr,
an diesem Freudentag will ich
in Gedanken besonders bei Dir sein.

Ich bin sehr glücklich darüber,
daß ich in diesem Jahr in Deiner Nähe
wieder ein Stück wachsen durfte,
und daß ich auch über kritische Phasen hinweg
das Ziel, die Nüchternheit, nicht verloren habe.

Herr,
mit den Gedanken
an meine überwundenen süchtigen Jahre
stärkst Du mich in meinem neuen Leben.
Deine Liebe
ist die Brücke zu meiner Vergangenheit:
sie zeigt das Ende meiner Betäubung
und öffnet meine Seele hin zu Dir.

Herr,
Du hast mich zum »trockenen« Heute geführt,
Du bist größer als alle Tage der Sucht.

Amen.

Das ist meine Freude,
daß ich mich
zu Gott halte
und meine Zuversicht setze
auf Gott, den Herrn.

Psalm 73, 28

Bitte um einen »trockenen« Tag

Herr,
bitte, laß mich heute »trocken« und stark im Herzen
nach Hause kommen. Amen.

Herr,
gestern kam ich spät von meiner Arbeit zurück,
müde, erschöpft,
durch manche Dinge enttäuscht und verärgert.
Auf dem Nachhauseweg spürte ich es wieder:
dieses unheimliche Gefühl,
wieder einmal für kurze Zeit dabei sein zu wollen.
Die Tür der lärmenden Kneipe stand offen –,
für einen Augenblick zog es mich
zu den lachenden und trinkenden Menschen;
die alten und gefährlichen Reize
wollten mich wieder gefangen nehmen.

Manchmal gehe ich mit klopfendem Herzen
an Wirtshäusern vorbei;
manchmal ziehen in meinen Gedanken
längst vergessen geglaubte Wünsche auf.

Herr,
manchmal fürchte ich mich
vor meiner Zügellosigkeit;
manchmal zittern meine Knie
wegen dieser Ausbruchsversuche
in meinen Gedanken.

Jesus Christus,
gerade dann, wenn mir meine Arbeit, meine Sorgen
und die Erinnerungen an meine »nasse« Zeit
über den Kopf zu wachsen drohen,
bitte ich Dich, ganz nah bei mir zu sein.
Hilf mir,
an verlockenden Orten vorbeizugehen,
ohne Opfer meiner Schwächen zu werden.

Hilf mir,
daß ich in einem kritischen Moment
nicht alles zerstöre,
was ich jetzt während meiner Nüchternheit
so liebgewonnen habe.

Bitte,
laß mich heute »trocken«
und stark im Herzen nach Hause kommen.

Ich danke Dir, Herr.

Amen.

Tägliche Erneuerung des Vorsatzes

Herr,
ich will Dir heute einen »trockenen« Tag schenken.
Amen.

Herr,
am Beginn eines neuen Tages
will ich Dir für die Geborgenheit
und Hoffnung danken,
die ich durch Deine Nähe erfahren darf.

Ich freue mich, daß Du mich
durch eine friedliche und
»trockene« Nacht begleitet hast,
und ich möchte Dich
in den frühen Stunden dieses Tages
um Stärke, Geduld und Liebe bitten
für das, was mir heute auf meinem Weg
begegnen wird.

Herr,
ich will heute »trocken« bleiben.
Ich nehme den festen Vorsatz,
den aufrichtigen Willen
und den tiefen Wunsch mit in den Tag,
heute keinen Alkohol zu trinken.
Ich möchte heute zum Abend gelangen,
ohne einen Schluck Alkohol,
ohne ein Suchtmittel
zu mir zu nehmen.

Herr,
die Erinnerung an meine »nasse« Geschichte und
die Befreiung, die ich durch Dich annehmen durfte,
sollen als unverrückbares Fundament dienen,
um den heutigen Tag
zu einem nüchternen Erlebnis werden zu lassen.

Herr,
ich fühle mich sicher,
denn ich werde von Deiner Güte gehalten,
von Deiner Botschaft getragen.

Herr,
in meinem Anliegen um einen »trockenen« Tag
bejahe ich diesen neuen Weg
nach meiner Kapitulation.

Herr,
jeder »trockene« Tag mit Dir ist ein Aufbruch
zum Geheimnis Deiner lebendigen Liebe.
Dir, Gott und Herr,
will ich heute einen »trockenen Tag« schenken.

Amen.

Danke für einen »trockenen« Tag

Herr,
danke, daß Deine Liebe
in kleinen Dingen für mich sichtbar wird. Amen.

Vater,
ich will Dir von kleinen Dingen erzählen,
die mich durch den Tag begleiteten:

Ich habe heute mit einem Kind gespielt
und freute mich über das glückliche Lachen
und über die strahlenden Augen.

Herr,
ich habe heute ein kleines Kätzchen gestreichelt,
ein warmes, kuscheliges Knäuel in meiner Hand.

Herr,
ich sah heute einen alten Menschen lächeln,
und ich bin auch froh darüber,
daß ich mir Zeit nahm, einem Freund zuzuhören,
dem ein Problem Traurigkeit und Schmerzen brachte.

Vater,
kleine Dinge füllen meine Zeit,
und nicht jeder Tag bringt Großes für mich.
Doch ich lebe gerne mit diesen kleinen Momenten,
die mich aus meinen Ängsten und Zweifeln lösen
und mir zeigen, wie kraftvoll
ein »trockener« Tag in meinem Leben verankert wird.

Ich bin voll kleiner Freuden;
wie ein Mosaik füge ich meine Liebe zu Dir
zu einem herrlichen Bild Deiner Hoffnung und Güte.

Vater,
hab meinen innigsten Dank dafür,
daß ich wieder nüchtern mit einem Kind spiele,
ein Kätzchen liebkose,
das Lächeln eines Menschen
mit auf meinen Weg nehme,
einem bedrängten Freund zuhören darf.

Danke, daß Deine Liebe
in kleinen Dingen für mich sichtbar wird.
Danke, daß ich so mit Dir reden darf.

Amen.

Gott hält Sein Versprechen
und läßt nicht zu,
daß die Prüfung
über eure Kraft geht.
Wenn Er euch
auf die Probe stellen läßt,
sorgt Er auch dafür,
daß ihr bestehen könnt.

1. Korinther 10, 13

Gebet eines Rückfälligen

Herr,
ich bitte Dich um die Kraft,
das Unfaßbare in mir zu akzeptieren. Amen.

Herr,
tief beschämt und verzweifelt,
beladen mit schmerzenden Anklagen
spreche ich wieder als »nasser« Alkoholiker zu Dir.
Das Ungeheuerliche ist geschehen:
Ich trinke erneut –,
die Zeit meiner Nüchternheit
war in Momenten zerflossen.

Wieder hat mich die Sucht am Haken,
und die Krallen der Abhängigkeit
schneiden tief ins Fleisch.
Nach dem neuen ersten Glas
schwanden alle Möglichkeiten,
die nächsten Flaschen stehenzulassen.

Herr,
die Mechanismen meiner Sucht
sind stärker als mein Wille und meine Wünsche.
Das Unfaßbare in mir – meine Sucht –
wird sich nie mit einem Glas betrügen lassen.

Herr,
ich habe viel über den Kontrollverlust gelernt.
Ihn jetzt selbst zu erfahren, wirft mich zu Boden
und läßt mich wieder an der Flasche kleben.

Herr,
ich bitte Dich jetzt in meiner tiefen Mutlosigkeit
um die Kraft, das Unfaßbare in mir zu akzeptieren;
ich bitte Dich um den Mut
zur aufrichtigen Kapitulation.

Hilf mir,
damit ich jetzt sofort mit dem Trinken aufhören kann,
hilf mir,
damit ich mich noch heute
um ein helfendes Gespräch bemühe.

Herr,
verhilf mir heute, jetzt,
zur völligen Trennung von dem Unfaßbaren,
dessen Macht ich durch meinen Rückfall erfuhr;
hilf mir, zur inneren Glaubwürdigkeit
meines Schmerzes zu gelangen,
hilf mir, *jetzt* das erste Glas stehenzulassen.

Amen.

In kritischen Momenten

Herr,
ich bitte Dich jetzt um Hilfe
bei meinen inneren Kämpfen,
damit ich zur richtigen Entscheidung gelange. Amen.

Herr,
ich fühle mich niedergeschlagen,
Berge türmen sich vor mir auf,
und ich fühle mich zu schwach, sie zu überwinden.
Jetzt will mich in Gedanken ein gewaltiges Sehnen
nach Stärke und Überlegenheit
zum ersten Glas treiben,
und ich spüre,
wie die Widerstände in mir geringer werden.

Herr,
der unheimliche Wunsch,
nur einmal – heute – den Versuch zu wagen,
stärker als der erste Schluck zu sein,
schlägt tosende Wellen in mir;
ich zittere bei der Erwartung, dann
an den Fuß meiner Problemberge gespült zu werden,
und zugleich fiebert etwas in mir
nach einer kurzen Flucht in den Alkohol ...

Herr,
mit dem ersten Glas, das ich stehenließ,
stemmte ich ein Loch in Mauern,
die mich von Nüchternheit
und tatsächlichem Leben trennten.

Stein für Stein
befreite ich mich aus einer sich schließenden Gruft
und wurde Zeuge der göttlichen Wahrheit
Deiner vollendeten Liebe am Kreuz.

Herr,
ich weiß, Deine Liebe hat Bestand.
Sie erlosch unter all meinen Gläsern
in der Vergangenheit nicht.
Herr,
Dein Einzug in mein Leben war der gewaltigste Sieg
über meinen Flaschenberg.

Herr,
ich bitte Dich,
gib mir jetzt eine ruhige Stunde,
in der es mir möglich ist,
mein momentanes Abgleitenwollen
als Flucht in den Alkohol zu überdenken.

Herr,
ich bitte Dich,
verhilf mir zu der nüchternen Erkenntnis,
daß mit dem ersten Schluck
die Problemberge vor mir zu wachsen beginnen
und mit jedem Glas die Möglichkeit einer »Besteigung«
und Überwindung schwindet.

Herr,
ich bitte Dich um Hilfe
für den längst überfälligen Griff zum Telefon.

Herr,
ich weiß – in meinem Inneren
bin ich bereits rückfällig geworden;
und ich stelle mir vor, wie meine Hand
das erste Glas zum Mund führt:

- Es wird *mein* »trockenes« Leben sein,
  das ich erneut in die endlosen Nächte
  angstbeladener Hoffnungslosigkeit werfe;
- es werden *meine* nüchternen Vorsätze sein,
  die mich nach dem ersten Glas
  nicht wiedererkennen lassen;
- es werden *meine* Gitter sein,
  die ich in die von Dir geschenkte Freiheit,
  heute nicht trinken zu müssen,
  schweißen würde.

Herr,
ich bitte Dich jetzt um
ungeschminktes Offenlegen der Suchthintergründe;
verhilf mir zur völligen Freiheit und Entscheidung
für mein Leben mit Dir.

Amen.

Rettung aus den Wogen der Sucht

Herr,
Du hast die Arme eines Ertrinkenden ergriffen. Amen.

Jesus Christus,
viele Jahre war ich ein »nasser« Alkoholiker,
ohne Hoffnung auf Leben.
Dann, ganz am Ende,
stand ich nackt vor Dir
mit leeren, zitternden Händen,
in tiefster Verlassenheit,
ohne Glauben an die Zukunft.

Du hast meine Hände ergriffen,
Du gabst mir neue Kleider,
Du zeigtest mir die Richtung
zu einem neuen Leben –
ohne vernichtende Sucht.

Du gabst mir Mut,
in mir aufzuräumen,
mich neu kennenzulernen.
Von Dir kam die Kraft,
ohne meine »nassen« Krücken
gehen zu lernen.

Herr,
Du hast die Arme eines Ertrinkenden ergriffen,
ohne nach einer Schuld zu fragen.

Herr,
Dein Verzeihen glich einem Signal
vom rettenden Ufer,
und durch Dich brachte ich es fertig,
nach all den Jahren des Treibens
ans bergende Land zu schwimmen.

Bitte, hilf mir dabei,
den Leuchtturm der gekreuzigten Liebe
nicht aus den Augen zu verlieren.

Amen.

Dient einander,
jeder
mit der Gabe,
die er
empfangen hat.

1. Petrus 4, 10

An einsamen Abenden

Herr,
gib mir viel »nüchternen« Mut,
um mich für andere Menschen zu interessieren. Amen.

Herr,
heute bedrückt mich mein Alleinsein,
meine Einsamkeit sehr.
Gerne würde ich mit einem Menschen reden,
mit ihm gemeinsam etwas Schönes erleben,
ihm etwas von meinen Alltagssorgen mitteilen.

Herr,
Du willst nicht, daß ich einsam bin.
Dennoch fehlt es mir manchmal an Mut,
am nötigen Auftrieb, um jemanden kennenzulernen.
Ich fürchte mich vielleicht davor,
zu Beginn eines solchen neuen Kennenlernens
über meine Krankheit zu sprechen.

Herr,
früher in meiner »nassen« Zeit
gab es viele Menschen, mit denen ich reden
und meine Abende verbringen konnte.
Heute habe ich viel »trockene« Zeit,
und es fällt mir manchmal schwer,
sie sinnvoll auszufüllen.

Herr,
Du willst nicht, daß mich einsame Abende
an eine Theke zu einem neuen ersten Glas
zurückführen.

Bitte,
gib mir viel »nüchternen« Mut,
um mich für andere Menschen zu interessieren;
hilf mir,
in eine Gruppe zu finden,
um mehr aus meiner neugewonnenen Zeit
machen zu können.

Herr,
ich möchte mich nicht in Selbstmitleid zurückziehen
und meine Einsamkeit beklagen.
Ich möchte lernen,
meine Zeit mit Freundschaften
und mit Liebe zu füllen.

Hilf mir,
daß ich ohne Angst vor einem Rückfall
aus meinem Haus gehen kann,
hilf mir mit meinen »nassen« Erfahrungen
zu einem guten Gespräch,
durch das ich über meine Einsamkeit
hinauswachsen kann.

Amen.

Mut zum Bekenntnis

Herr,
es wird nicht leicht für mich werden!
Bitte gib mir heute besonders viel Demut und Liebe.
Amen.

Herr,
heute Abend bin ich zu einer kleinen Feier eingeladen,
und niemand weiß,
daß ich Alkoholiker bin.
Sicher wird mir ein Glas Wein oder ein Bier angeboten,
und ich möchte nicht mit einer Lüge ablehnen.

Herr,
ich spüre, wie ich jetzt unsicher und unruhig bin;
Du kennst die Angst in mir,
daß mich die Sucht an diesem Abend
überwältigen könnte.

Ich bitte Dich jetzt innigst,
mir heute besonders beizustehen.

Herr,
ich will nicht lügen
und ein angebotenes alkoholisches Getränk
unter Vortäuschung eines Magenleidens zurückweisen.
Mit jeder Lüge
entferne ich mich von Dir,
weiche ich einen Schritt zurück.

Herr,
ich wünsche mir sehr, daß ich stark bin,
um zu meiner Abstinenz zu stehen,
stark und reif,
um mein alkoholfreies Leben zu erklären.

Gib mir Liebe und Geduld,
um auf Fragen zu meiner Alkoholkrankheit
antworten zu können, ohne daß ich mich
gekränkt und ausgestoßen fühlen muß.

Hilf mir auch,
daß ich mit vielleicht bösen Bemerkungen
der anderen
und den falschen Bildern,
die andere von meiner Sucht besitzen,
umgehen kann,
ohne dabei überheblich, verletzend
oder lieblos zu werden.

Es wird nicht leicht für mich sein, Herr;
bitte gib mir heute besonders viel Demut und Liebe.

Herr,
bitte, laß diesen Abend
zu einem Fest echter Begegnung werden.

Amen.

Bitte um Demut und Hilfsbereitschaft

Herr,
laß mich die Einsamkeit
mit der Flasche nicht vergessen. Amen.

Herr,
ich bin »trocken« und nüchtern geworden.
Ich weiß, daß ich dies nicht allein geschafft habe,
sondern mit Deiner Hilfe
Mauern einer Gefangenschaft niederreißen konnte,
die mir den Weg und die Sicht
zu einem neuen Leben versperrten.

Herr,
in den düstersten Stunden hast Du Dich
nicht im Verborgenen gehalten,
in meiner Ohnmacht vor der niederwerfenden Sucht
hast Du mit mir gelitten
und mich aus angstvollen Nächten ans Licht geführt.

Danke, daß ich Dich finden konnte.
Danke für Dein richtungweisendes Annehmen
in meinen »nassen« Kämpfen
hin zur »trockenen« Befreiung.

Herr,
manchmal begegnen mir Menschen,
die dasselbe Problem haben wie ich,
und ich komme in solchen Momenten oftmals
mit meinen Gefühlen nicht zurecht.

Angst vor meiner eigenen Zeit
und Unsicherheit im Umgang mit anderen
beschleichen mich.

Bitte gib mir Mut,
um meinen »nassen« Mitbrüdern und -schwestern
von meiner Geschichte zu erzählen,
von meinen Erfahrungen mit Dir zu berichten.
Hilf mir, mehr Einsicht in die Einsamkeit
und das Leid meines »nassen« Nächsten zu gewinnen.

Herr,
laß mich nicht auf die Uhr schauen, wenn ein
Alkoholkranker ein Gespräch mit mir wünscht.
Stärke mich in meiner Mitverantwortung
für den Nächsten.
Laß mich nicht im warmen Nest der Trockenheit liegen
und die Kälte draußen vergessen.

Herr,
ich will Dich besonders darum bitten:
Hilf mir, daß ich nicht selbstgefällig werde;
hilf mir, daß ich nicht in einem gefährlichen Hochmut
den sich nach Befreiung sehnenden Süchtigen
neben mir übersehe;
hilf mir, daß ich nicht in »trockener« Überheblichkeit
mein erfahrenes Elend verleugne;
hilf mir, daß ich mein Gegenüber nicht
gleichgültig ablehne.

Herr,
laß mich nicht vergessen,
daß ich Alkoholiker bin und daß das erste Glas
stärker ist als alles nüchtern Erlebte,
mächtiger als all meine Vorsätze und Wünsche.

Bewahre mich davor,
mich selbst nicht mehr als Süchtigen zu sehen,
denn dies wäre mein erster Schritt zurück.

Herr,
laß mich die Einsamkeit
mit der Flasche nicht vergessen;
gib mir Kraft und Freude,
nüchternes Denken und liebevolle Worte für alle,
die sich in ihrer Aussichtslosigkeit aufgeben wollen.

Amen.

Vor einem Besuch beim Alkoholiker

Herr,
gib mir den Mut zum Bekenntnis
zu meiner Krankheit und zu Dir. Amen.

Herr,
vor diesem Besuch ist mir, als würde ich
nochmals in meine eigene Geschichte eintauchen.
Ich bitte Dich,
gib mir die richtigen Worte
und die erforderliche Liebe,
um meinem alkoholkranken Nächsten
zuhören zu können.

Hilf mir,
damit ich glaubhaft von meiner »nassen« Zeit
und von meiner Suche nach Dir berichten kann.
Gib mir bitte das richtige Augenmaß für die Situation,
die mich heute erwarten wird.

Herr,
sei bei mir,
wenn ich von Deiner rettenden Güte
und Deiner lebendigen Liebe erzähle,
so wie ich sie in mir erlebe.

Herr,
bewahre mich davor,
Helfer zu sein, ohne meine eigenen Fehler
und Schwächen genau zu kennen.

Verhilf mir zur Einsicht, meine Grenzen zu sehen,
denn ich möchte mit meinen »trockenen« Erfahrungen
keinen Schaden verursachen.

Jesus Christus,
laß mich gerade jetzt wissen,
daß ich suchtkrank bin und wie alle anderen
meine Sucht zu tragen habe.
Gib, daß ich bei meinem Nächsten
nicht im Hochmut meiner Krankheit
meine Bitte um ein »trockenes Heute« vernachlässige.

Herr.
schärfe meine Sicht für die Probleme,
die ich annehmen und bewältigen kann;
laß das heutige Gespräch
zu einem großen Stück innerer Festigung
für uns werden.
Darum bitte ich im Vertrauen auf Deine Gegenwart.

Amen.

Vor einer Urlaubsreise

Herr,
gib, daß ich mich auf meiner Reise nicht verliere.
Amen.

Herr,
ich freue mich auf meine Reise in ein anderes Land.
Ich will mir Zeit nehmen,
um neue Kräfte für den Alltag zu sammeln.

Herr,
manche meiner alkoholkranken
Mitschwestern und -brüder
vergessen in einem Urlaub ihre Sucht;
herausgelöst aus dem Alltag unterliegen sie
der Versuchung des ersten Glases –,
und das »nasse« Elend kehrt zurück.

Herr,
laß mich während dieser Reise nicht vergessen,
daß ich auch dort,
wo mich nichts an meine Sucht erinnert,
immer ein Gefährdeter bin.

Begleite mich
und kräftige mich täglich in meinem Willen,
in nüchterner Freude diese Zeit zu genießen.

Herr,
hilf mir, daß ich nicht außer acht lasse,
daß ich mich selbst nicht verlassen kann.
Gib, daß ich mich auf dieser Reise nicht verliere
und mit Verlockungen experimentiere.

Sei bei mir, wenn ich energisch auf Orangensaft
statt des üblichen Weines bestehe,
auch wenn man mich deshalb belächelt.

Herr,
laß mich ausgeruht
und mit »trockenen« Erinnerungen zurückkehren.

Amen.

Der in euch
das gute Werk
angefangen hat,
wird es auch vollenden
bis zum Tag
Christi Jesu.

Philipper 1,6

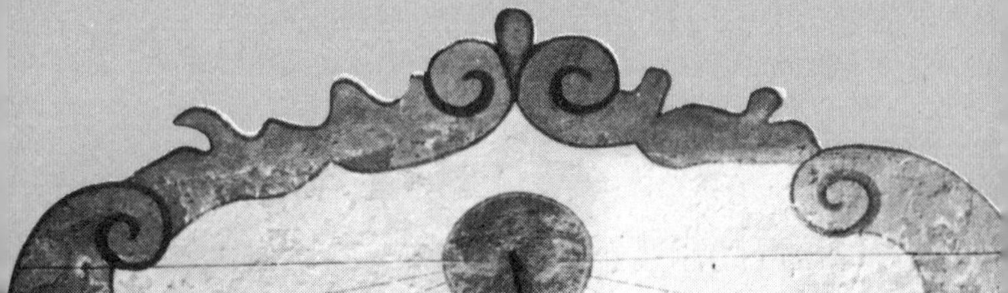

In Gottes Händen geborgen

(Gedanken zum 31. Psalm)

Herr,
meine Zeit steht in Deinen Händen. Amen.

Mein Vater,
in tiefster Not,
der nächsten Flasche näher als allen meinen Vorsätzen,
trafen mich diese Worte Davids.
Gekränkt, einsam
und auf der Flucht vor unzähligen Ängsten
führtest Du mich in der Nacht zu diesem Psalm.
Ich schildere Dir jetzt nicht meine Not im Detail;
Du kennst sie!
Du kanntest sie auch in jener Nacht,
und ich konnte sie in Deine Hände legen,
ohne sie mit Worten zu beschreiben.
Tränen und Furcht vor der Zukunft,
Unsicherheit und Zweifel
hatten mich bis dahin umgetrieben.

Und diese Nacht,
in der ich im Vertrauen auf Dein Wort
mein Leben,
meine Ängste,
meine Sucht,
meine Lügen,
meine Furcht
und meine Aussichtslosigkeit
in Deine Hände legte,

endete in der Sicherheit Deiner Zuwendung
und mündete in den lichtvollen Tag
einer nie gekannten Geborgenheit.

Nüchtern geworden,
strömt nun täglich mein Dank hin
zu Deiner universalen, wunderbaren Liebe.

Vater,
ich weiß mich von Dir angenommen
mit all meinen Schwächen und Unzulänglichkeiten.
Als Alkoholiker weiß ich mich geborgen
in Deiner Güte.
Alles Vergangene hat durch Dich
seine Schrecken verloren.

Vater,
vieles an Dir verstehe ich nicht;
doch ich glaube
an Deine unendliche Liebe und Herrlichkeit.
Vieles an Dir begreife ich nicht;
doch ich spüre Deinen Willen und Deine Nähe.

Du, Gott, stehst beschützend in meinem Leben.
Mit Dir, Herr, wachse ich
in meine »trockene« Zeit hinein.
Durch Dich, Jesus Christus,
erfährt meine Seele inneren Frieden.

Amen.